BARREAU DE PARIS

ESSAI SUR L'HISTOIRE DU DROIT CRIMINEL EN FRANCE AVANT 1789

DISCOURS

PRONONCÉ DANS LA SÉANCE D'OUVERTURE DE LA CONFÉRENCE DES AVOCATS

Le 19 Novembre 1859

PAR

ALBERT LAVAL

Avocat à la Cour impériale de Paris

PARIS

IMPRIMERIE DE DUBUISSON ET Cie

5, RUE COQ-HÉRON, 5

1859

ESSAI SUR L'HISTOIRE

DU

DROIT CRIMINEL EN FRANCE

AVANT 1789

BARREAU DE PARIS

ESSAI SUR L'HISTOIRE DU DROIT CRIMINEL EN FRANCE AVANT 1789

DISCOURS

PRONONCÉ DANS LA SÉANCE D'OUVERTURE DE LA CONFÉRENCE DES AVOCATS

Le 19 Novembre 1859

PAR

ALBERT LAVAL

Avocat à la Cour impériale de Paris

PARIS

IMPRIMERIE DUBUISSON ET COMPAGNIE

RUE COQ-HÉRON, 5

1859

ESSAI SUR L'HISTOIRE

DU

DROIT CRIMINEL EN FRANCE

AVANT 1789

Messieurs et chers Confrères,

Un éminent écrivain l'a dit : il y a, entre le développement de la législation et celui de la société, une intime correspondance (1). Vraie pour toutes les branches du Droit, cette réflexion s'applique d'une manière plus directe encore aux lois criminelles. Là, ce n'est pas seulement la marche de la civilisation, ce sont encore les changements, les progrès et les écarts de la constitution politique de chaque peuple, qui marquent profondément leur empreinte. La pénalité, mal définie et confuse aux époques barbares, se règle et s'organise à mesure que la société s'asseoit sur une base plus solide ; la procédure criminelle, dont l'idée même, dans l'histoire de l'humanité, est postérieure à celle du droit pénal proprement dit, naît, grandit, se forme, se modifie avec les institutions sociales, et, suivant que le despotisme ou la liberté domine dans un pays, elle protége outre me

(1) Guizot. *Civilisation en France*. Tome II, 25e leçon.

sure ou la sûreté publique, ou la sûreté individuelle, jusqu'au jour où ces deux éléments contraires se réunissent et se fondent sans se détruire et sans s'absorber. Ce serait donc tenter une étude impossible, et dans laquelle on se heurterait à chaque pas avec des contradictions inexplicables, que d'examiner notre ancien Droit criminel sans reporter en même temps les yeux sur les vicissitudes sociales que reflète chacune de ses phases. Ce double travail m'est imposé par le programme dont la bienveillance du Conseil m'a confié l'exécution : il aurait de quoi effrayer ma faiblesse, si, d'une part, je ne connaissais pas votre affectueuse fraternité et la paternelle indulgence de nos anciens; si, d'autre part, l'intérêt du sujet ne m'était pas un sûr garant de votre attention. N'est-on pas sûr d'être écouté, quand on parle dans cette enceinte des deux sujets qui nous préoccupent le plus, le Droit, objet de toutes nos études, la Patrie, objet de tout notre amour, confondant ainsi dans une association pieuse les méditations de l'avocat et les aspirations du citoyen?

I

Au cinquième siècle, c'est-à-dire à l'époque où commence notre histoire, deux civilisations bien différentes se rencontraient dans la Gaule, l'une usée et décrépite, l'autre encore dans l'enfance. Dans l'ordre politique, la lutte ne pouvait être longue : la domination romaine, pareille à ces arbres séculaires dont la sève mourante ne peut plus résister au souffle des vents, devait succomber, presque sans lutte, sous l'attaque des barbares. Au point de vue qui nous occupe, interrogeons les conséquences de l'invasion.

Les Francs trouvèrent établie et vivante encore dans la Gaule la législation criminelle que la conquête de César y avait introduite : comme en Italie, comme dans toutes les provinces de l'empire, l'ancien droit romain s'était conservé jusqu'alors, avec les principes qui avaient fait sa force, l'accusation publique, la publicité des débats, la liberté de la défense. En face de ce système régulier, compliqué, et dont l'exposition demanderait à elle seule de longs développements, quels étaient les principes nouveaux que les Germains apportaient avec eux? — Si nous voulons avoir une idée de ce qu'était la justice criminelle des barbares, ouvrons Tacite : les *Principes* connaissent des petites causes ; l'assemblée du peuple, sous leur présidence, juge les affaires importantes, et notamment tous les crimes capitaux, c'est-à-dire ceux qui sont dirigés, non contre des individus ou des familles, mais contre l'État. Quant à la procédure, elle est d'une simplicité qui s'explique quand on songe que chaque tribu était un peuple à part, et que les témoignages devaient par suite être promptement et facilement recueillis.

C'est une curieuse étude, et qui a tenté plus d'un publiciste, que celle de l'influence que ces deux législations ont dû avoir l'une sur l'autre. Montesquieu et Boulainvilliers soutiennent que l'élément romain a absolument succombé. Dubos et M. Lehuérou prétendent au contraire qu'il est sorti victorieux de cette épreuve. C'est là une de ces questions qui se rattachent aux origines celtiques de nos institutions, et qui seront sans doute, comme elles, éternellement controversées. L'esprit humain a ses bornes, messieurs, et lorsque, abandonnant le domaine des faits, il se lance dans la voie des conjectures historiques, il peut ouvrir des aperçus intéressants, combiner des hypothèses ingénieuses ; mais ses investigations sont condamnées à une fatale incertitude. Quant à moi, j'inclinerais à penser que pour le droit criminel, les traditions germaniques ont dû, dès le principe, avoir sur les traditions romaines une prépondérance notable : j'aurai plus d'une fois l'occasion de vous le faire remarquer dans le cours de ce travail; cette partie de la législation se rattache trop étroitement au droit politique pour qu'il soit vraisemblable que le vainqueur ait pu accepter et s'assimiler les principes du vaincu.

Mais j'ai hâte, messieurs, de marcher sur un terrain plus ferme : si nous ne pouvons déterminer avec précision les phases de la lutte, nous pouvons en constater le résultat final : les vieux chroniqueurs, et surtout Grégoire de Tours, nous diront comment se rendait la justice criminelle sous les Mérovingiens, et la loi salique nous montrera les règles du droit pénal à la même époque.

A la tête de chaque circonscription était placé un chef à la fois civil et militaire, qui sous le nom de *Dux* ou *Comes* en latin, de *Grafio* en langue germanique, concentrait dans ses mains tous les pouvoirs. Il présidait à l'administration de la justice, mais il ne jugeait pas seul : suivant un usage qui, au dire de Montesquieu (1), était né dans les forêts de la Germanie, le droit de juridiction et le droit de jugement étaient essentiellement distincts. Le comte, par lui-même ou par ses lieutenants, dirige l'instruction des affaires, convoque le tribunal et le préside, mais ce n'est pas de lui qu'émane la sentence, c'est du *Mallum*. Le *Mallum* est composé d'hommes libres qui, sous les noms de Rachimbourgs ou de Sagibarons, doivent obéir à la convocation du comte, et ne peuvent, sous peine d'amende, se dispenser de siéger. Remarquez, messieurs, cette institution : elle révèle un principe que nous verrons plus tard, amoindri sous la royauté carlovingienne, exalté par la féodalité, qui s'en fait une arme politique en le dénaturant, comprimé par la monarchie absolue, et placé enfin au nombre des garanties les plus sacrées par la révolution de 1789. Qu'est-ce en effet que le jury, sinon la participation du peuple à la justice criminelle?

Au-dessus du *Mallum*, que préside le comte, nous trouvons deux juridictions exceptionnelles ; l'une, le *Placitum generale Francorum*, c'est l'assemblée de la nation, convoquée par le roi dans des circonstances graves ; c'est d'après la décision ou du moins avec l'assentiment d'une réunion de ce genre que Clotaire fit périr la reine Brunehaut ; l'autre, le *Placitum palatii*, a une compétence qui s'exerce plus fréquemment : c'est là que se portent les plaintes contre les juges prévaricateurs, les accusations contre les rebelles et les traîtres ; c'est là aussi que sont jugés, même pour des délits de droit commun, les comtes et les

(1) *Esprit des lois*, livre XXX, chapitre XVIII.

officiers de la couronne. Vous le voyez, sous les Mérovingiens, il y a déjà des priviléges et déjà des privilégiés.

Par qui la justice était-elle saisie? C'était presque toujours par la partie lésée : il paraît cependant que le comte pouvait faire d'office des informations sur les crimes que lui signalait la clameur publique, mais seulement lorsque ces crimes pouvaient mettre en péril la tranquillité de l'État. L'assignation à comparaître devant le mâl était réitérée trois fois; restait-elle sans effet, le *Placitum palatii* prononçait contre l'accusé la mise hors la loi, *extra sermonem regis*, qui entraînait le séquestre de ses biens, et la défense, même à ses proches et à sa femme, de lui donner asile. Il ne faut pas se récrier contre la sévérité de cette mesure : elle était nécessaire dans une législation qui ne comprenait pas les condamnations par contumace et qui n'admettait point qu'on pût être jugé sans être entendu ; elle était le châtiment, non pas du crime, mais de la résistance prolongée aux ordres de la justice.

L'audience est ouverte : une publicité sans limites y règne. En présence du peuple attentif et curieux, le débat s'engage entre l'accusateur et l'accusé, chacun produit ses témoins. Ici se place la curieuse institution des cojureurs. Si la culpabilité n'est pas suffisamment prouvée, l'accusé a un moyen de se justifier entièrement : c'est d'amener avec lui un certain nombre de personnes, tantôt trois, tantôt dix, tantôt soixante-douze, suivant la gravité des cas, qui viendront appuyer, par leur serment, sa dénégation, non pas en affirmant qu'il est innocent, car elles ne connaissent rien du fait qui lui est imputé, mais en déclarant qu'il est incapable de mensonge, et digne d'être cru quand il proteste que ce fait lui est étranger : singulier système, qui faisait de ce que nous appellerions aujourd'hui des témoins à décharge les véritables juges des procès criminels, et qui, inutile aux faibles, devait procurer aux puissants une facile impunité.

A défaut de cojureurs, les juges dont la conviction n'était pas formée pouvaient ordonner que l'accusé serait soumis à des épreuves. De tout temps, les peuplades germaniques avaient eu un penchant marqué pour les arrêts du sort. Le christianisme l'avait modifié sans le détruire, et il est permis de supposer, en voyant l'Église présider à toutes les cérémonies de cette étrange procédure, qu'elle l'a plutôt encouragée que combattue, sauf à en corriger, par des fraudes pieuses, les incertitudes et les dangers. L'eau froide et l'eau bouillante, le fer rouge, sont les épreuves les plus usitées : le combat judiciaire existe déjà, il est législativement consacré par la loi des Burgundes, mais il ne joue pas encore le rôle que nous lui verrons bientôt remplir, et la loi salique n'en prononce même pas le nom.

La loi salique, messieurs, a eu une destinée bien remarquable : née avant l'invasion, corrigée et refondue depuis (1), suivie, dans les premiers siècles de notre monarchie, comme loi civile et surtout comme loi criminelle, elle disparut sous la deuxième race, et elle était tombée dans un profond oubli, lorsqu'à l'extinction de la lignée des Capétiens primitifs, les légistes, à la recherche d'arguments contre les prétentions d'Édouard III, découvrirent un article de ce texte vénérable, le torturèrent, comme ils savaient torturer les lois, en firent sortir une idée politique qui n'y avait jamais existé, et, cette arme terrible à la main, donnèrent la couronne à Philippe VI. En récompense de ce service, qui nous a donné la triste dynastie des Valois, mais qui nous a peut-être empêchés d'être Anglais, la loi salique a joui pendant cinq siècles d'une immense popularité. Les savants travaux de M. Pardessus et de M. Guizot lui ont restitué son véritable caractère : c'est essentiellement une loi criminelle et avant tout une loi pénale. En matière de procédure, elle suppose à peu près toutes choses connues, elle complète plus qu'elle n'innove. En matière pénale, au contraire, elle spécifie et prétend tout régler. Elle a 343 articles sur la pénalité, et 65 seulement sur les autres sujets réunis.

(1) Montesquieu, M. Wiarda et plusieurs autres écrivains pensent que la loi salique n'a été rédigée que depuis l'invasion, mais nous n'hésitons pas à adopter l'opinion contraire. Les préfaces qui se trouvent dans plusieurs manuscrits nous semblent faire allusion à une rédaction de beaucoup antérieure au règne de Clovis, et non pas seulement à des coutumes orales.

La loi salique ne connaît guère que deux espèces de délits, les violences contre les personnes et les atteintes à la propriété, dans leur forme la plus brutale, le vol ; ce sont là, en effet, les crimes des temps primitifs : le faux, la banqueroute, l'escroquerie, supposent une civilisation plus avancée, une complication plus grande dans les relations sociales. Si des délits nous passons aux peines, nous serons étonnés de la douceur de cette législation et du respect qu'elle révèle pour la liberté et la vie de l'homme libre. Si, pour les esclaves, elle prodigue et tortures et supplices, pour le Franc elle ne connaît qu'une peine, la composition, le *Wergheld*, payée par l'offenseur à l'offensé ou à ses héritiers, en réparation du préjudice causé. Tous les crimes sont tarifés ; on paye tant pour le vol d'un cheval, tant pour celui d un oiseau, tant pour le meurtre d'un Franc, ou d'un Romain, ou d'un esclave.

Telle était, messieurs, la législation pénale à cette époque : une peine unique, un niveau inflexible pour les crimes les plus divers. Et cependant, c'était déjà un progrès ; c'était, dans l'histoire des Germains, la première protestation de la société contre le droit de vengeance individuelle, qui n'avait d'abord pas de limites. Tant que l'État n'est pas constitué, tant qu'il n'offre aux citoyens ni protection, ni sécurité, l'individu et la famille n'ont pour punir les agressions et pour en empêcher le renouvellement, qu'un seul moyen, les guerres privées, le droit de vengeance, dont l'expression la plus complète est la loi du talion. Ce fut donc un immense bienfait social que ces coutumes qui nous scandalisent aujourd'hui, et qui organisèrent alors le rachat de tous les crimes. Telle qu'elle est, la composition ne fut pas, au moins dans les premiers temps, obligatoire pour l'offensé ; et, repoussant l'indemnité fixée par la loi salique, le fier guerrier put longtemps encore brandir son glaive, appeler à lui ses fidèles, poursuivre son ennemi, et laver l'injure dans le sang. Ce fut l'effort constant des Mérovingiens de donner au *Wergheld* un caractère obligatoire : ils y parvinrent au septième siècle, et Charlemagne put croire que l'ère des guerres privées était fermée ; mais, sous ses faibles successeurs, le droit individuel, exalté par la féodalité, devait redevenir plus fort que le pouvoir social.

Vous le voyez, messieurs, une pénalité insuffisante et souvent dérisoire, une procédure qui mêlait à des principes excellents des usages que la raison repousse, tel est le résumé de la législation criminelle sous la première race. Et pourtant, à cette époque ainsi qu'à bien d'autres, les lois faisaient moins de mal que la manière dont elles étaient appliquées. Les comtes, beaucoup plus occupés de la partie militaire que de la partie judiciaire de leurs fonctions, étaient plus exacts à se battre qu'à siéger. Ils avaient de beaux chevaux et de belles armes, mais on ne pouvait obtenir qu'ils eussent un toit pour tenir leurs assises. Les Rachimbourgs de leur côté ne mettaient guère d'empressement à se rendre aux plaids, et quand ils s'y décidaient, ils avaient plutôt l'air de bandits que de magistrats; ils arrivaient armés de pied en cap, et un capitulaire leur prescrivait, inutilement, de ne juger qu'à jeun.

Avec de tels juges et de tels jurés, les justiciables étaient fort à plaindre. Aussi, quand parut sur le trône un homme dont l'incessante activité s'occupait à la fois de guerre et d'administration, de lois et d'économie domestique, dont le génie embrassait tout, dont la bonté s'étendait sur tous, assez fort pour protéger les faibles, et assez patient pour les écouter, ce fut un concert de doléances. Charlemagne n'y resta pas sourd. Il créa, sous le nom de *Missi dominici*, de véritables inspecteurs de la justice, qui parcouraient les provinces, recevant les réclamations du peuple, redressant les griefs, constatant la négligence des comtes et présidant les assises à leur place, quand ils mettaient trop d'incurie à remplir leurs fonctions. Puis, comme le droit de juger était pour les Rachimbourgs une charge onéreuse qu'ils remplissaient fort mal, il leur substitua des juges permanents, *Scabini*, pris dans leur sein, choisis parmi les moins ignorants et les plus sobres. Les simples hommes libres conservèrent le droit d'assister au plaid, mais ils en usèrent rarement.

Un nombre considérable des capitulaires de Charlemagne est consacré à la pénalité; le principe germanique du *Wergheld* s'y retrouve à chaque pas, et on y remarque plutôt des modifications de tarifs que de véritables innovations ; c'est ainsi qu'après avoir reçu des mains du pape la couronne impériale, il témoigna sa reconnaissance aux évêques en fixant à la somme énorme de 900 sous le prix que coûterait désormais la fantaisie de tuer un dignitaire de l'Église.

Cependant, quelques crimes trouvent dans les capitulaires une punition corporelle : pour un premier vol, on prendra un œil ; pour un second, le nez ; pour un troisième, la vie ; pour un parjure, une main. Il y a même un capitulaire où Charlemagne prodigue la peine capitale, c'est celui qu'il donne aux Saxons. Le Saxon qui brûle des cadavres au lieu de les enterrer, celui qui ne vient pas se faire baptiser, celui qui mange de la viande en carême, est puni de mort. Cette anomalie s'explique par le caractère purement politique de cette loi, dirigée contre un peuple dont chaque révolte contre le conquérant coïncidait avec un retour au paganisme. C'est bien là une loi d'exception : pourquoi faut-il que des temps plus éclairés nous en montrent tant d'autres qui eurent les mêmes rigueurs sans avoir les mêmes excuses ?

L'empire, à la mort de Charlemagne, présentait un grand spectacle : la barbarie ou soumise ou refoulée, des tendances meilleures dans l'administration de la justice, de louables efforts pour faire pénétrer dans les lois l'esprit de la morale chrétienne, les prétentions des seigneurs réduites à l'impuissance, et un gouvernement fort, sachant faire entendre et respecter sa volonté dans les provinces les plus reculées. Mais l'œuvre ne devait guère survivre à l'artisan ; ce qu'un Charlemagne avait seul pu fonder, ses faibles successeurs devaient être impuissants à le maintenir. Au milieu des luttes incessantes qui remplirent de sang la France, l'Allemagne et l'Italie, la politique et l'administration de Charlemagne ne tardèrent pas à succomber ; deux puissances nouvelles s'élevèrent et grandirent sur ces ruines, tantôt se combattant, tantôt se prêtant un mutuel appui, la féodalité et l'Église L'une et l'autre devaient peu à peu enlever à la royauté défaillante l'épée de justice qu'elle ne savait plus tenir. C'est à cette révolution juridique que nous allons assister.

II

Si c'est seulement au dixième siècle que nous voyons les justices seigneuriales envelopper la France d'un vaste réseau, il ne faut pas croire qu'elles soient nées à cette époque : la féodalité les a grandies, mais elle ne les a pas créées. Jamais, jusqu'au seizième siècle, notre monarchie ne fut absolue. Sous les Mérovingiens, sous Charlemagne même, la maxime célèbre, que toute justice émane du roi, n'aurait pas été exacte. Inventée par les légistes pour les besoins de leur cause, elle ne peut se soutenir, quand on réfléchit que, dès les premiers temps, le sol de la France se couvrit de justices privées dont l'origine est cette juridiction domestique que les Germains, au temps de Tacite, exerçaient sur leurs familles. Ce qu'il y a de vrai, c'est que, fort restreintes d'abord et ne s'étendant pas au delà des limites du domaine, elles prirent une bien autre importance quand les relations féodales s'agrandirent. Nul texte de loi ne parle de l'abolition de ces comtes et de ces centeniers que nous avons vus, sous la première race, présider les plaids royaux : et pourtant, comtes, centeniers, plaids royaux, ont disparu au dixième siècle. C'est qu'on ne comprend guère de justiciers sans justiciables, et qu'à cette époque les justiciables des plaids royaux n'existaient plus. Les hommes libres, ou par leur audace et leur richesse étaient devenus des seigneurs, ou par leur faiblesse et leur pauvreté avaient été amenés à abandonner la protection lointaine et inefficace du roi pour se mettre sous le patronage des seigneurs, et acheter du prix de leur liberté le droit de vivre sans avoir à craindre les abus sans cesse renouvelés de la force : serfs, soumis à la justice patrimoniale, ou vassaux, justiciables de leurs pairs, c'est-à-dire de la cour du suzerain, c'est dans ces deux catégories que rentraient toutes les classes de la société.

De même que les justices seigneuriales n'étaient pas une institution nouvelle, de même aussi, dans leur organisation, on retrouve beaucoup des principes anciens : à la cour du seigneur, comme au plaid du roi, la procédure est orale et l'audience publique : comme le comte, le seigneur, par lui-même ou par ses baillis et prévôts, préside les assises, mais il ne juge pas seul. En apparence donc, le changement consiste plutôt dans la qualité du chef de la juridiction que dans la manière dont elle est organisée ; mais un examen plus approfondi nous fera découvrir d'importantes différences.

Et d'abord, si le jugement par les pairs fut maintenu, si même il fut érigé en maxime par le régime féodal, ne croyez pas, messieurs, y retrouver ce caractère d'indépendance qui distinguait les plaids des Rachimbourgs. Ce ne sont plus tous les hommes libres du lieu qui siégent aux assises ou du moins qui ont le droit d'y siéger. Le seigneur n'est pas même tenu de convoquer à tour de rôle tous ses vassaux : il choisit, dans chaque affaire, ceux qui doivent en connaître, et on comprend que, s'il a un intérêt quelconque dans le procès, son choix portera sur ceux qui, plus disposés que les autres à lui complaire, subiront plus facilement son influence, et régleront leur opinion sur celle du maître et non sur l'équité.

Bientôt le mal devint si grand, qu'on se prit à chercher des remèdes. La plupart des coutumes consacrent au profit de l'accusé le droit de débattre les jugeurs, c'est-à-dire d'exercer des récusations, soit pour cause d'inimitié, soit pour cause de déloyauté; mais ces récusations n'étaient pas péremptoires : c'était la cour qui les admettait ou les rejetait, et quand le seigneur l'avait soigneusement composée d'hommes à sa dévotion, la garantie était à peu près illusoire.

La véritable garantie de ce temps, où le droit n'existait plus, où la force avait tout envahi, c'était l'appel de faux jugement. L'accusé pouvait requérir que les juges exprimassent leur avis à haute voix, et dès que l'un d'eux opinait contre lui, il pouvait déclarer que le jugement était faux et mauvais. Dès ce moment, tout était suspendu : il y avait lieu à gages de bataille entre l'accusé et le pair : si le premier succombait, il payait au seigneur et à chacun des juges une amende de 60 sous, s'il était vainqueur, toute la procédure était anéantie et le seigneur perdait son droit de justice sur l'affaire.

Par ce seul fait, vous avez compris, messieurs, ce que devaient être les juges féodaux : sans cesse menacés d'avoir à défendre en champ clos leur opinion, leurs armes ne leur étaient pas moins nécessaires à l'audience qu'à la guerre, et du double service que leur imposait le lien féodal « *in curte et in campo,* » c'était assurément le premier qui leur semblait le plus onéreux. Aussi, le suzerain avait-il plus de peine à réunir sa cour qu'à former un bataillon. Souvent, malgré les amendes qui devaient stimuler le zèle de ces singuliers magistrats, il ne pouvait rassembler le nombre exigé par la coutume, et dans ce cas il devait emprunter à ses frais des juges au seigneur supérieur, sous peine d'être exposé à un appel de défaut de droit.

Vous dire que dans la composition des cours féodales le moindre des vices était l'ignorance, il n'en est pas besoin. Et, du reste, à quoi auraient servi des juges éclairés? Le droit romain était mort depuis longtemps, et l'heure de sa résurrection n'avait pas encore sonné; les lois barbares et les capitulaires avaient disparu : de Louis le Débonnaire à Philippe-Auguste, la royauté impuissante assistait, sans rien faire pour l'empêcher, à la décomposition sociale. Dans chaque seigneurie, la coutume édictait les peines, ou l'arbitraire suppléait facilement à son silence. La science du droit suppose une législation, et la législation n'existait pas. Les juges étaient donc ce qu'ils devaient être, des soldats.

La procédure de ces temps était d'une grande simplicité. Lorsque l'accusation était prouvée, soit par le flagrant délit, soit par certaines présomptions très graves, dont Beaumanoir a fait une soigneuse énumération (1), l'accusé n'arrivait à l'audience que pour entendre sa sentence, mais il n'y avait aucun débat. Quand le fait n'était pas notoire, l'accusateur avait le choix entre deux modes de preuves, la preuve par témoins et la preuve par gages de bataille. Du neuvième au onzième siècle, il était bien

(1) Beaumanoir. Chapitre XXXIX, *passim*.

rare qu'on eût recours au témoignage. L'abus du serment, la facilité avec laquelle les cojureurs se parjuraient au profit de celui qui les appelait, avaient fait tomber la preuve testimoniale dans un grand discrédit. Une défiance sans bornes régnait dans toutes les sphères de la société, et l'abaissement du sens moral, joint à cette superstition grossière qui formait la religion du moyen âge, avait donné à l'antique usage des ordalies une immense extension. Mais les épreuves elles-mêmes s'étaient transformées ; ce n'était plus aux éléments qu'on demandait la manifestation de la vérité. Comme la lâcheté était le seul vice qui pût exister aux yeux du monde féodal, on en était arrivé à conclure que le plus fort et le plus vaillant devait être le plus digne de foi, et que l'épée était le meilleur juge, et le plus incorruptible de tous.

Beaumanoir nous a transmis la formule par laquelle l'accusateur devait appeler au combat l'accusé : « Sire, disait-il, *je di que tel a malversement et en trayson murdri tel persone, s'il le reconnoist, je voz requier que voz en faciés comme de murdrier; s'il le nie, je le voil prover de mon cors contre le sien* (1). » Aussitôt l'accusé doit répondre à l'appel (2). S'il refuse le combat, il confesse par là son crime ; s'il l'accepte, les juges prennent les gages des deux parties, et fixent le jour où se videra la querelle.

Le duel judiciaire, c'était là tout le droit criminel de cette époque. Les coutumes féodales, muettes ou incomplètes sur tant d'autres points, s'étendent avec complaisance sur cette matière, en règlent toutes les conditions, en précisent tous les détails. Beaumanoir écrivait à une époque où le combat judiciaire était déjà en décadence, et pourtant, un des plus longs chapitres de son ouvrage est celui qu'il consacre aux gages de bataille.

Au jour fixé, les combattants se présentaient dans l'arène, à cheval si c'étaient des gentilshommes, à pied si c'étaient des vilains. Si un gentilhomme appelait un vilain, il devait se bat-

(1) Beaumanoir. Chapitre LXI, § 3.
(2) *Ibid.* § 5.

tre à pied comme lui ; mais si le vilain était l'appelant, le gentilhomme conservait le privilége de combattre à cheval. Par un serment prêté sur l'Évangile, chacun affirmait son bon droit, et au signal donné, le duel commençait. Il faut lire, dans Beaumanoir, l'attention que les juges devaient porter à la lutte, les précautions prises pour en assurer la loyauté, et le soin avec lequel, si l'une des parties venait à parler de paix, on constatait les positions respectives, afin qu'on pût les reprendre si l'on ne s'entendait pas. Mais il ne faut pas l'oublier, le siècle de Beaumanoir n'était plus l'âge d'or du combat judiciaire ; déjà les mœurs et la législation avaient commencé à réagir contre cet usage barbare, et il ne faudrait pas croire qu'au dixième siècle, par exemple, il fût entouré de ces formalités minutieuses qui purent, jusqu'à un certain point, en diminuer les abus, et qui ont inspiré à Montesquieu (1) cette réflexion, que si une infinité de choses sages sont menées d'une manière très folle, beaucoup de folies sont conduites d'une manière très sage (2).

Ne quittons pas le duel judiciaire sans rappeler une profession fort lucrative à laquelle il avait donné naissance. Les parties ne se battaient pas toujours en personne : il existait des cas d'excuse qui autorisaient à se faire représenter par des avoués. Les infirmes, les malades, les vieillards et les femmes pouvaient faire soutenir leurs droits par des champions. Ceux-ci vendaient chèrement leurs services, et, à cette époque où le plus grand plaisir était de manier des armes, on estimait peu des hommes qui demandaient de l'argent pour un passe-temps aussi agréable. Il paraît même que plus d'une fois des champions avaient reçu de l'argent des deux parties, de l'une pour se battre, et de

(1) *Esprit des lois*, livre XXVIII, chapitre XXV.

(2) Nous avons dit plus haut que, lorsqu'un fait était notoire, le jugement était prononcé sans débat, et alors il n'y avait lieu ni à la preuve testimoniale, ni à la preuve par gages de bataille. Il est probable en outre qu'on en vint de bonne heure à ne pas autoriser le combat pour toutes les accusations : Loysel rapporte que le voleur ne pouvait y recourir, et les Assises de Jérusalem le refusent également à l'incendiaire.

l'autre pour se laisser battre. La jurisprudence féodale avait fini par inventer un moyen qui devait notablement stimuler l'ardeur de ces procureurs armés : le vaincu avait le poing coupé. Cet usage, que l'on trouve déjà dans des capitulaires du dixième siècle, subsistait encore au temps de Beaumanoir, et le chevalier-légiste lui donne son approbation, parce que, sans cela, la fraude serait trop à craindre et que « *ses mestres emporteroit le damace et le vilonie, et li campions emporteroit l'argent* (1). »

Détournons nos regards de ce triste tableau, messieurs : la société laïque du moyen âge ne présente rien qui ne fasse gémir les amis sincères de l'humanité. Ni les poétiques légendes de la chevalerie, ni les récits des croisades, de ces lointaines expéditions, qui perdent beaucoup de leur prestige à être considérées de près, et dans lesquelles l'esprit d'aventures, l'humeur belliqueuse du temps et la condition malheureuse de tout ce qui n'était pas duc, seigneur ou prêtre, eurent autant de part sans doute que l'enthousiasme religieux, ne me semblent justifier l'admiration que certains écrivains affectent pour cette époque. L'étude que nous venons d'en faire, sous le point de vue bien restreint que nous avons à envisager, sera une preuve de plus, pour tous les esprits de bonne foi, pour ceux qui ne cherchent pas à faire de l'histoire la docile servante de leurs passions politiques, que les siècles où le régime féodal a été le plus puissant sont ceux aussi où l'humanité, infidèle à sa mission, loin de suivre sa marche progressive, a subi un temps d'arrêt, disons mieux, a reculé.

III

Pendant que la société laïque vivait ainsi enveloppée de ténèbres profondes, l'Eglise seule y avait en partie échappé. Il ne faut rien exagérer : il ne faut pas croire qu'à cette époque les

(1) Beaumanoir. Chapitre LXI, § 11.

monastères fussent d'éclatants foyers de lumières, que tous les moines fussent des savants, et tous les clercs des lettrés; mais il est incontestable que le niveau intellectuel et moral du clergé était infiniment au-dessus de celui des laïques. C'est dans les cloîtres que s'étaient réfugiées les études littéraires; c'est là que de pieux solitaires recueillaient et transcrivaient les chefs-d'œuvre de l'antiquité païenne, c'est là que se composaient les rares chroniques qui ont guidé plus tard les explorations de l'histoire, c'est là que se conservaient, bien affaiblis, bien mélangés, mais jamais détruits, les derniers vestiges de la civilisation romaine. Enfin, l'Église parlait au nom de Dieu : l'Évangile à la main, exaltant et soutenant qui la défendait, menaçant et frappant qui osait l'attaque, sachant faire désirer son amitié, sachant surtout faire craindre sa haine, habile à profiter des occasions et ingénieuse à les faire naître, elle avait, avec une incroyable persévérance, jeté les fondements d'une puissance qui, entre les mains de Grégoire VII, était devenue une monarchie universelle. L'Église avait compris de bonne heure que l'exercice de la justice était un puissant levier de domination : aussi ne serez-vous pas étonnés de la voir, après avoir obtenu de la piété ou de la faiblesse de nos rois la reconnaissance de son droit de juridiction, chercher sans cesse à l'étendre, profiter pour l'agrandir de l'anarchie féodale; et lutter pour le conserver contre les attaques incessantes des légistes, jusqu'au jour où la royauté régénérée émoussa dans ses mains une arme que la révolution seule devait lui enlever définitivement, en proclamant la séparation absolue du pouvoir temporel et du pouvoir spirituel.

Il faudrait remonter bien haut dans l'histoire, pour découvrir l'origine des prétentions de l'Église à une juridiction propre; mais il est facile d'en suivre les progrès. Plusieurs constitutions du code Théodosien, en réservant à l'autorité séculière la répression des crimes commis par des clercs, donnent cependant aux évêques une compétence disciplinaire qui allait jusqu'à la connaissance des délits légers. Plus influente sur les chefs barbares que sur les empereurs, l'Église, après l'invasion, multiplia ses efforts pour leur arracher la consécration de son droit de justice, et conquit le terrain pied à pied. Un édit de Clotaire II, en 615, veut que, dans les affaires capitales, les clercs soient jugés par les évêques ; un capitulaire de 769 interdit aux comtes de poursuivre un clerc sans l'assentiment du supérieur ecclésiastique ; plusieurs autres textes, émanés de Charlemagne, confirment et étendent la juridiction de l'Église.

Le privilége clérical était fondé : avant d'en faire un instrument de domination, les évêques l'avaient représenté comme la sauvegarde de la religion, de ses prérogatives et de ses intérêts ; mais l'arme qu'ils avaient reçue pour se défendre, ils s'en servirent bientôt pour attaquer, en s'attachant à confondre, par une politique adroite, les droits du clergé et ceux de la foi.

On se garda bien de préciser jamais la compétence des justices ecclésiastiques, ni sous le rapport des personnes qui y étaient soumises, ni sous le rapport des crimes auxquels elle s'appliquait. Les évêques sentaient que plus leur pouvoir judiciaire serait vague, plus il serait redoutable. Loin de craindre les conflits, ils les appelaient de tous leurs vœux : plus éclairés que les seigneurs ou leurs officiers, munis d'un corps de lois, tandis que les justices féodales n'avaient pour se guider que des usages confus, prenant bien soin de ne déléguer leurs fonctions judiciaires qu'à des prêtres lettrés, retors, et formés de longue main à la subtilité des discussions théologiques, ils comprenaient que, dans les questions douteuses, ils avaient toutes les chances pour que la solution leur fût favorable. Et c'est en effet par des envahissements successifs que les justices ecclésiastiques sont parvenues à ce degré de puissance auquel nous les trouvons arrivées vers le milieu du douzième siècle.

A cette époque, il y avait un tribunal ecclésiastique dans chaque diocèse. L'évêque n'y siégeait pas lui-même ; il y était représenté par un délégué nommé official. La hiérarchie des juridictions répondait à celle des dignités : on appelait de l'officialité à l'archevêque, de l'archevêque au métropolitain, du métropolitain au pape. L'appel, presque inconnu dans les justices seigneuriales, fonctionnait ici avec une imposante régularité ; chaque officialité appliquait des lois uniformes et respectées, et non ces coutumes sans nombre, dont la diversité ne le cédait qu'à l'impuissance : ces lois, dont l'ensemble forme le *corpus juris canonici*, se composent d'une multitude de décrétales émanées des papes et de canons des conciles (1).

C'est sans doute un amas indigeste de matériaux confondus : on y trouve épars et sans ordre des préceptes liturgiques et des règles de droit civil, des principes de droit criminel et des dissertations dogmatiques : mais enfin c'était un texte, c'était une loi, et cela seul eût suffi pour donner aux officialites une supériorité manifeste sur les juridictions laïques.

Une fois admis en principe, le privilége clérical prit de rapides développements. Les décrétales attestent avec quelle énergie les papes le revendiquèrent; diverses ordonnances, depuis Philippe-Auguste jusqu'à Philippe-le-Bel, en consacrent les progrès, et Beaumanoir, dans le chapitre où il traite des cours de l'Église, en retrace les règles principales. Les juges ecclésiastiques seuls peuvent connaître des délits des clercs ; le juge laïque qui a arrêté un clerc doit le remettre à l'Église, sous peine d'être excommunié (2). En thèse générale, le privilége clérical est absolu; mais comme l'Église ne dispose que de pénalités insuffisantes, les décrétales autorisent le juge ecclésiastique, dans des accusations très graves, à livrer le coupable au bras séculier, après l'avoir préalablement dégradé et dépouillé par là du titre de clerc. Les évêques n'acceptent pas volontiers cette restriction, dont le pouvoir royal s'empare et que les légistes commentent, et plus d'une fois des conflits s'élèvent entre les deux juridictions.

Le privilége de cléricature était en soi quelque chose de tout naturel, dans un temps où les limites des deux pouvoirs étaient mal définies, et où l'idée même de l'unité dans l'État semblait à

(1) Le premier recueil de droit canonique fut composé en 1140 par un moine du nom de Gratien ; il reçut successivement de nouveaux accroissements sous Grégoire IX, sous Boniface VIII, sous Clément V et sous Jean XXII.

(2) Beaumanoir. Chapitre XI, *passim*.

jamais perdue. Ce qui ne l'était pas moins, c'était que l'Eglise, peu confiante dans la protection des laïques et peu soucieuse d'avoir recours à eux, tendit à exercer sur ses membres une autorité plus complète que l'autorité disciplinaire. Mais il était dans son caractère de chercher à dépasser le but qu'elle devait se proposer d'atteindre : non contente d'être souveraine chez elle, elle voulait aussi l'être au dehors. Profitant de son influence, profitant aussi de la préférence que tous les justiciables donnaient à sa juridiction sur les juridictions féodales, elle veut tout attirer à elle et dégarnir à son profit les plaids des seigneurs. Il faut voir les jurisconsultes canonistes prendre en main le privilége clérical; il faut voir tout ce qu'ils en font sortir et tout ce qu'ils y font rentrer. Un clerc, ce n'est plus seulement un membre du clergé, séculier ou régulier, prêtre ou moine, évêque ou sous-diacre, c'est toute personne vivant cléricalement, ce sont les élèves des universités, ce sont tous ceux qui savent lire et écrire, car il y a là présomption de cléricature, puis ce sont les croisés, puis les pauvres, les veuves, les lépreux, les étrangers, tout ce qui est faible, tout ce qui est impuissant à se protéger contre la tyrannie féodale, tout ce qui vient se jeter entre les bras de l'Église, pour y trouver à la fois une tendre mère, ardente à défendre ses enfants, et un général habile, tout prêt à élargir les cadres de son armée. Vous voyez, messieurs, à quelle puissance d'absorption l'Eglise était parvenue; et au treizième siècle, si les légistes commençaient à résister à de nouveaux envahissements, ils n'osaient pas encore combattre les anciens. Beaumanoir, cet esprit si élevé, qui a sur la justice, sur le rôle qu'elle doit jouer dans la société, sur les devoirs de ceux qui l'exercent, des idées si nobles, et, pardonnez-moi l'anachronisme de cette expression, si libérales, Beaumanoir ne pose qu'avec timidité les bornes de la compétence des cours d'Eglise. Il raconte naïvement, sans commentaires, que les voleurs et les meurtriers se font les uns aux autres des tonsures et prennent des habits de clercs pour se faire juger par l'Église (1).

(1) Beaumanoir. Chapitre XI, § 45.

C'est qu'en effet le juge ecclésiastique décidait seul si l'accusé amené devant lui était un véritable clerc, et il était bien rare qu'il ne tranchât point la question en faveur de sa propre compétence. Un arrêt rendu au Parlement des Octaves de la Chandeleur 1261 est la première trace d'une protestation de la jurisprudence laïque contre ces abus (1).

Ce n'est pas tout encore : en même temps qu'elles s'étendaient par le privilége clérical, les justices ecclésiastiques ne s'agrandissaient pas moins par la théorie des délits spirituels. Le point de départ de cette théorie, l'Eglise le tirait de la nature même de sa mission : seule chargée des intérêts de la foi, elle devait seule connaître de tous les délits qui pouvaient la compromettre : « *Vérités est,* dit encore le bailli de Clermont, *que toutes accusations de foy, la connissance en apartient à sainte Eglise; car por ce que sainte Eglise est fontaine de foy et de créance, cil qui proprement sont estavli à garder le droit de sainte Eglise, doivent avoir la connissance et savoir le foy de çascun* (2). » En vertu de ce principe, l'Église qui, suivant la novelle 123 de Justinien, devait seule juger les causes purement spirituelles et les contraventions aux constitutions canoniques, avait successivement attiré à elle la connaissance de tous les délits qui, de près ou de loin, se rattachaient à la religion : l'hérésie, le sacrilége, l'usure, l'adultère, le rapt, le parjure rentraient dans cette catégorie. Beaucoup de ces délits étaient en même temps punis par la loi laïque : c'était ce qu'on appelait les cas *mixti fori* : nouvelle et abondante source de conflits entre les deux juridictions.

Les peines que pouvaient prononcer les juges d'Eglise étaient de deux sortes, temporelles et spirituelles. Nous avons déjà dit que l'insuffisance des premières avait donné lieu à l'usage de dégrader les clercs coupables de grands crimes, pour les livrer au bras séculier. En effet, littéralement fidèle à la maxime : « *Ecclesia abhorret a sanguine,* » l'Église ne prononçait ni la mort,

(1) Olim. I, page 529.
(2) Beaumanoir. Chapitre XI, § 2.

ni aucune peine afflictive; elle ne pouvait infliger que des réparations d'honneur, des amendes *in pios usus* et l'emprisonnement, peine que notre législation moderne a empruntée au droit canonique. Mais les peines spirituelles étaient entre les mains de l'Eglise une arme bien plus puissante : sans parler des jeûnes, des macérations et autres mesures disciplinaires, elle infligeait un châtiment dont les conséquences terribles faisaient trembler les seigneurs et les rois, ébranlaient les trônes, et ramenaient bientôt aux pieds du souverain pontife un coupable repentant ou à tout le moins un ennemi vaincu. Vous devinez, messieurs, que je veux parler de l'excommunication. C'était dans le principe une véritable peine, prononcée par les canons contre certains délits que réprouvait la morale religieuse, et, par exemple, contre les mariages entre parents à des degrés prohibés. Mais elle cessa de bonne heure d'être un instrument de justice, pour devenir presque exclusivement un instrument de politique. Lorsque le saint-siége voulut fonder une monarchie universelle sur les principes théocratiques, ce fut avec les foudres de l'excomnunication qu'il lutta, souvent non sans succès, contre les puissances temporelles. Je ne fais que vous indiquer, car j'ai hâte d'entrer dans le cercle que je me suis tracé, le rôle que l'excommunication a joué dans la sanglante querelle du sacerdoce et de l'empire. Du reste, notre pays a beaucoup moins souffert que l'Allemagne de l'ambition démesurée des papes. Plus d'une fois l'anathème fut lancé contre nos rois : Robert, Philippe-Auguste, Philippe-le-Bel furent excomuniés; mais il faut rendre justice au clergé de France : il ne fut pas toujours docile aux passions de la cour de Rome, et manifesta vis-à-vis d'elle des idées d'indépendance d'où sortit plus tard le gallicanisme, de nos jours si audacieusement attaqué : les évêques français, au moyen âge, se montrèrent plus d'une fois les dignes successeurs de l'illustre Hincmar, archevêque de Reims, qui, sachant que le pape voulait venir en France et excommunier Charles-le-Chauve et les évêques de son parti, s'écriait fièrement : « *Si excommunicaturus venerit, excommunicatus abibit* (1). »

(1) Guizot. *Civilisation en Europe*, 6e leçon.

Mais si, comme arme politique, l'excommunication n'eut pas en France la même force que dans d'autres pays, comme instrument de pénalité, elle fut reconnue et consacrée par le pouvoir laïque. C'est ainsi que les Etablissements de saint Louis ordonnent que, si quelqu'un est excommunié depuis un an et un jour, sans avoir fait amende honorable, la justice laïque le contraigne à revenir vers l'Eglise par la confiscation de ses biens et la saisie de sa personne (1); et c'était une maxime admise au temps de Beaumanoir, que les baillis et prévôts devaient veiller à l'exécution des sentences ecclésiastiques.

Au point de vue de la pénalité, le droit canonique présente plutôt un intérêt de curiosité qu'un intérêt pratique, car son influence s'est peu fait sentir sur le droit pénal de nos ordonnances; il n'en est pas ainsi de la procédure. C'est de l'Église que part la transformation radicale de l'instruction criminelle qui régnera dans nos juridictions royales jusqu'à la révolution.

Au douzième siècle, la procédure ecclésiastique différait peu de la procédure laïque : elle admettait la nécessité d'un accusateur, sauf en cas de flagrant délit, la publicité de l'audience, la comparution des parties, la preuve par cojureurs et la preuve par témoins ; des textes anciens attestent que les épreuves furent parfois employées par les juges d'Église, et ce fut seulement Étienne V qui en défendit l'usage. Mais le droit canonique n'autorise pas le combat judiciaire. Dès cette époque, il y avait dans la procédure, comme dans le droit pénal des tribunaux ecclésiastiques, plus d'ordre, plus de régularité; l'écriture y était déjà plus en usage, les jugements étaient rendus en latin, le ministère des avocats était reconnu. Quelques règles particulières étaient aussi éparses dans le droit canonique : dans tous les cas qui ne présentaient pas une grande gravité, on essayait d'éviter le scandale d'un procès en adressant au clerc coupable des admonitions amiables; puis, par suite de ce sentiment de défiance qui animait l'Eglise au regard des laïques, on avait érigé en rè-

(1) Livre I, § 123. Voir aussi les ordonnances du 23 avril 1299 et du 3 mai 1302.

gle que nul laïque ne pourrait accuser un clerc, s'il n'avait pas été personnellement lésé, et même alors le clerc avait la singulière faculté d'arrêter la poursuite en formulant contre son adversaire une accusation plus grave.

Mais, au commencement du treizième siècle, des changements bien plus importants s'introduisent, et ici encore les circonstances politiques vont exercer sur le droit criminel une influence décisive. C'est le moment où commence contre les doctrines de Rome une réaction dont la guerre des Albigeois n'est que le plus sanglant épisode : des hérésies, les unes nouvelles, comme celle des Pauvres de Lyon, les autres maintes fois condamnées déjà, comme celle des Manichéens, se répandent dans le midi de la France. L'austérité des prédicateurs hérétiques contraste avec les mœurs du clergé, qui, restées pures dans le Nord, avaient atteint, en Provence et dans l'Aquitaine, les dernières limites du débordement. L'archevêque de Narbonne, avec son archidiacre et ses chanoines, courait le pays en le rançonnant : les autres évêques et abbés, dit un troubadour, « *aimaient grandement les femmes blanches, le vin rouge, les beaux habits et les beaux chevaux* (1). »

La tiare était alors portée par un homme d'un caractère inflexible, d'une rigidité antique, d'une activité que rien ne fatiguait, d'une ambition que rien ne pouvait assouvir, croyant fermement faire son devoir, lorsqu'il soutenait par tous les moyens le pouvoir ébranlé du saint-siége, continuateur de Grégoire VII, avec autant d'élévation morale et plus d'enthousiasme religieux ; prêt à verser des torrents de sang pour défendre la foi menacée, et prêt aussi à sévir sans mesure contre les prêtres indignes qui la compromettaient. Innocent III comprit l'étendue du danger ; en même temps qu'il sollicitait Philippe-Auguste d'écraser les Albigeois, il envoyait en France des légats, avec ordre de faire des enquêtes sur la conduite des clercs, d'écouter toutes les dénonciations, et de sévir, sans se préoccuper des formes ordinaires de la justice et sans renvoyer

(1) H. Martin, IV, page 17.

la connaissance de l'affaire devant les juges officiaux. Ce fut un coup d'État judiciaire. En 1215, le quatrième concile de Latran le légitima en ordonnant que chaque évêque choisît trois hommes de bonne renommée et leur fit jurer de dénoncer les hérétiques. C'était fonder à la fois l'Inquisition et la procédure inquisitoriale. La France eut l'insigne bonheur de ne jamais admettre ce terrible tribunal qui, dans d'autres pays, fit tant de victimes et tant de martyrs; mais la procédure par enquête se glissa peu à peu dans les officialités. Bientôt Boniface VIII la compléta en recommandant que les noms des témoins et des dénonciateurs fussent ensevelis dans l'oubli, et en frappant d'excommunication quiconque violerait ce secret rigoureux. Appliquée d'abord à une catégorie restreinte de délits, la procédure secrète tendit promptement à les embrasser tous, et une décrétale de Jean XXII ne fit guère, en la généralisant, que consacrer un fait accompli. C'était là le triste héritage que les justices ecclésiastiques, au jour de leur décadence, devaient léguer à nos justices royales.

IV

Cours seigneuriales et tribunaux d'Église, toute l'organisation judiciaire du régime féodal est là : plus de ces assemblées où la nation, convoquée par le roi, délibérait sur les intérêts généraux et sur les affaires criminelles dont l'issue importait à l'État; plus d'édits, plus de capitulaires, plus de lois émanant d'un pouvoir central : c'est qu'à cette époque il n'y avait plus ni pouvoir central, ni État, ni intérêts généraux. Une royauté sans force, une noblesse sans unité, un peuple sans existence politique, la souveraineté partout morcelée, et la justice divisée comme le territoire : tel est le triste tableau de la France aux dixième et onzième siècles. Au milieu de cette confusion universelle, comment et au nom de quels principes une législation régulière se serait-elle introduite? De quel droit Hugues Capet et Philippe Ier auraient-ils rendu une ordonnance applicable dans les domaines du duc de Normandie ou de Bretagne, eux qui pouvaient à peine se faire obéir de leurs petits vassaux de l'île de France? Et puisqu'il était dans les décrets de la Providence que notre pays sortit un jour de l'épouvantable anarchie qui le dévorait, une double révolution devait s'accomplir; il était dans la nature des choses que la royauté cherchât à reconquérir à la fois son autorité matérielle et son autorité morale, son droit de souveraineté sur le territoire et son droit de justice sur les citoyens, et que la marche de ce double progrès fût simultanée. Louis-le-Gros commence la lutte contre les vassaux inférieurs, Philippe-Auguste la continue contre les puissants, saint Louis combat la féodalité par sa sagesse, Philippe-le-Bel par sa ruse, Charles V s'arme contre elle du sentiment national, Louis XI l'enlace dans les plis de sa diplomatie tortueuse, Richelieu l'écrase sous le poids de son redoutable génie, et Louis XIV lui porte le dernier coup en lui faisant abandonner ses châteaux crénelés pour les verdoyants ombrages de Versailles. Certes, nos rois eurent moins de peine à faire reconnaître leur droit de justice et de législation à mesure que s'étendait leur territoire et que leur puissance matérielle s'élevait au-dessus de celle des grands vassaux; mais si la force servit au droit, le droit aussi servit à la force; si le roi conquit des fiefs avec des soldats, il en conquit plus d'un avec des légistes, et je ne sais ce qui fut une plus grande fortune pour notre monarchie, de confisquer la Normandie sur Jean-sans-Terre, ou de pouvoir dire avec Beaumanoir : « *Li rois pot fere tex estavlissements comme il li plest* » *por le conmun porfit, et ce qu'il estavlist doit estre tenu.* »

La révolution judiciaire n'était pas l'œuvre d'un jour; il fallait du temps et de la persévérance pour remettre de l'ordre dans ce chaos, pour abaisser d'abord, pour absorber ensuite les justices seigneuriales et les justices ecclésiastiques. Esquissons brièvement la lutte, signalons les progrès, indiquons les étapes.

Les justices royales renaissent, comme elles s'étaient éteintes, sans bruit, sans fracas, et l'histoire ne garde guère plus de traces de leur résurrection que de leur mort. Sous les premiers Capétiens, la justice criminelle, dans l'étendue de leurs domaines, était rendue par des prévôts royaux, qui ne se distinguaient en rien des prévôts institués par les seigneurs. Ce n'était pas comme roi de France, c'était comme suzerain de tel ou tel territoire que le roi les nommait.

Les baillis sont les premiers officiers dont la juridiction n'ait pas un caractère purement territorial. Reconnus, mais non créés, par une ordonnance de 1190, qui leur donnait des attributions analogues à celles des anciens *missi*, ils ont, au treizième siècle, une juridiction sédentaire qui rayonne sur plusieurs prévôtés, et l'ordonnance de 1277 déclare qu'on peut appeler aux bailliages des jugements prévôtaux. Nous pouvons dès à présent constater une ressemblance significative entre les progrès des justices royales et ceux qu'avaient faits précédemment les justices ecclésiastiques. C'est par des empiètements successifs, c'est par la proclamation de maximes générales dont on ne précise jamais les conséquences, que les baillis battront en brèche les anciennes juridictions. Mais c'est là une guerre difficile, pleine d'embûches et pleine de ruses. Les premiers baillis s'en lasseront bien vite: hommes d'épée, mais non de science, ils auront peine à se reconnaître au milieu des chicanes et des involutions de procédure; aussi, le personnel des bailliages changera : des vilains plus instruits remplaceront ces nobles ignorants; d'abord, comme les *scabini* de la deuxième race, ils siégeront en qualité d'assesseurs, puis ils prendront, sous le nom de lieutenants, les fonctions du bailli, et enfin ils en acquerront le titre. Créés par la royauté, soutenus et agrandis par elle, les légistes, qui lui doivent tout, ne se montreront pas ingrats. Ils feront un usage intrépide des armes qu'ils auront entre les mains, et, quand elles seront insuffisantes, ils n'hésiteront pas à en forger de nouvelles. Rien ne pourra les arrêter, ni les menaces des seigneurs féodaux, ni les protestations des évêques, ni le désordre et le malheur des temps. Si, au milieu de cette guerre de cent ans, où la nationalité française est plus d'une fois à deux doigts de sa perte, la royauté, absorbée par la défense extérieure du pays, semble abandonner sa puissance législative, si les ordonnances sur l'administration de la justice sont rares et mal observées, les légistes ne perdront pas courage ; à eux seuls, sans autre appui que leur science profonde et leur zèle infatigable, ils maintiendront l'œuvre de Philippe-Auguste, de saint Louis et de Philippe-le-Bel, et Charles VII, en rendant l'ordonnance de Montils-lès-Tours, n'aura plus qu'à consacrer les conquêtes judiciaires déjà réalisées par ces utiles auxiliaires, préparant ainsi la voie à Louis XII, qui, dans l'ordonnance de mars 1499, tentera un premier essai de Code criminel, applicable à toute la monarchie.

Arrêtons-nous à cette époque, et pour restreindre nos recherches à la partie de la législation dont nous avons entrepris l'étude, voyons quelles étaient, à la fin du quinzième siècle, les modifications que le droit criminel avait subies, sous l'influence des principes nouveaux qui régissaient la société. La pénalité était encore réglée presque exclusivement par les Etablissements de saint Louis, dont l'esprit général est une sévérité extrême, qui était alors et qui fut longtemps nécessaire. Le meurtre, l'infanticide, le rapt, l'incendie, la trahison, le vol de grands chemins, le bris de prison, l'hérésie sont punis par le gibet ou par le bûcher. Cette dureté de la législation ne devait pas s'adoucir au milieu des sauvages excès dont la guerre de cent ans fut l'occasion, et le reproche de cruauté qu'on a si justement adressé à notre système pénal, légitime quand on arrive aux seizième et dix-septième siècles, ne le serait pas s'il était appliqué aux âges antérieurs. Il faut supposer une civilisation avancée, un pouvoir fort et un pays tranquille, pour qu'on puisse dire avec Vatel (1), que ce qui retient les citoyens dans le devoir, c'est moins l'atrocité des peines que l'exactitude à les exiger.

Si nous examinons la procédure criminelle pendant la même période, nous verrons de grands progrès s'accomplir, des institutions barbares s'écrouler; mais, par suite de ce penchant qui entraîne toujours trop loin l'humanité dans la voie des réactions, les réformes outrepasseront leur but; de l'ignorancce grossière, on tombera dans une procédure captieuse à force d'être savante ;

(1) *Droit des gens*, livre I, chapitre XIII.

on avait entièrement méconnu l'intérêt social, on voudra lui tout sacrifier; le juge était un soldat, on en fera un inquisiteur.

La royauté l'avait compris de bonne heure : le combat judiciaire était l'un des plus grands obstacles à l'établissement dans notre pays d'un ordre de choses régulier. Aussi, de toutes les institutions féodales, c'est celle-là qu'elle attaque d'abord. La Trève de dix ans, dont la seconde croisade est le prétexte, la Quarantaine du roi, établie en 1245, sont de premières et timides tentatives. En 1260, saint Louis abolit le duel judiciaire dans l'étendue de ses domaines. Il n'essaie même pas d'imposer aux grands feudataires une réforme qu'ils n'auraient pas acceptée; mais il la maintient fermement contre les réclamations de ses propres vassaux. Le premier coup est porté, le combat judiciaire ne s'en relèvera pas. En vain les seigneurs, profitant des embarras que cause à Philippe-le-Bel sa lutte contre le saint-siége, lui arrachent-ils une ordonnance qui rétablit l'ancien mode de preuves dans les affaires capitales. Si la royauté recule, les légistes marchent en avant, le Parlement n'autorise que dans des cas exceptionnels l'usage du combat, qui, dès le milieu du quatorzième siècle, n'existe plus comme institution judiciaire.

Mais ce n'est pas tout que de détruire, il faut fonder. La royauté répudiait cette procédure féodale dont la sauvage simplicité suffisait à tout. Qu'allait-elle mettre à la place? Est-ce la procédure romaine? Deux raisons s'y opposaient; elle eût profondément choqué toutes les idées du temps, et malgré la renaissance des études juridiques, les légistes eux-mêmes étaient incapables d'en appliquer le mécanisme. Est-ce la procédure barbare, telle qu'elle était organisée sous la première race? Mais elle avait abouti à l'état de choses qu'on voulait renverser, et on était peu tenté de recommencer l'épreuve. Les légistes avaient tout près d'eux, et en quelque sorte sous la main, une série de règles que l'expérience avait déjà consacrées, que chacun acceptait avec respect, et qui reposaient sur des textes écrits et journellement mis en pratique. N'oublions pas que, même depuis la restauration du droit romain, le droit canonique était enseigné dans toutes les Universités, et que les plus ardents ennemis de l'Église n'étaient pas les moins empressés à l'étudier, ne fût-ce que pour le tourner contre elle. Aussi la preuve testimoniale, qui était devenue d'un usage très rare, mais qui n'avait jamais entièrement disparu dans la société laïque, prit-elle la forme de l'enquête, que toutes les officialités avaient adoptée déjà. Le bailli, le prévôt ou, dans certains cas, des conseillers enquêteurs pris dans le sein de la Cour du roi, interrogent les témoins, non plus en présence de l'accusé ni de l'accusateur, mais séparément. Pilippe-le-Bel, Philippe V, Philippe VI surtout, dans l'ordonnance de 1338, tracent des règles minutieuses sur la forme des enquêtes et sur les devoirs des magistrats chargés d'y procéder. La publicité règne encore dans le reste de l'instruction, mais elle a reçu déjà une grave atteinte. Les parties ne peuvent plus discuter les dépositions au moment où elles se produisent, elles ne les connaissent que par la communication qui leur en est faite, et c'est seulement à l'audience qu'elles sont admises à les débattre.

Dès ce moment la publicité tend de plus en plus à se restreindre, et des formes toutes nouvelles s'introduisent dans la justice criminelle. L'accusation disparaît complétement : les parties, qui ne peuvent plus vérifier et contrôler les témoignages, se soucient peu de prendre cette voie périlleuse, qui les expose, en cas d'erreur, aux peines de la calomnie; elles trouvent plus commode de se débarrasser de toute responsabilité, en dénonçant les faits aux juges, sans avoir à diriger l'instruction. En même temps, la poursuite d'office, qui n'avait lieu d'abord que pour les crimes flagrants, reçoit, sous le nom d'aprise, une extension considérable dans les Etablissements de saint Louis, et l'action publique commence à passer des mains des particuliers à celles des gens de justice.

La fin du treizième siècle avait vu naître la procédure inquisitoriale : le siècle suivant produisit une institution qui, inconnue dans l'antiquité et au moyen âge, devait grandir et se développer dans les derniers siècles de notre monarchie, jeter dans nos mœurs judiciaires de profondes racines, traverser la révolution sans être emportée par elle, et sortir plus vive et plus forte de la tourmente où tant de choses furent englouties : nous voulons parler du ministère public.

De tout temps, le roi, comme toute autre personne, avait pu constituer des procureurs ; mais, jusqu'en 1355, ces procureurs étaient de simples mandataires, chargés de défendre devant les tribunaux les intérêts du trésor royal, sans pouvoir s'immiscer aucunement dans l'administration de la justice. C'est seulement en 1355 qu'une ordonnance donne au procureur du roi des attributions judiciaires que d'autres textes confirment et étendent plus tard. Le mandataire était devenu magistrat, et sous Louis XII il est partie dans tous les procès criminels, il poursuit les délits, même quand nul dénonciateur ne s'est présenté, et quand le bailli n'a pas commencé d'information; il donne ses conclusions dans chaque affaire, prend communication de toutes les pièces, et est l'indispensable auxiliaire de la justice. Quelle fut l'origine de cette institution? A quel besoin nouveau répondait-elle? Les ordonnances sont muettes sur ce point, mais il est facile de suppléer à leur silence. Pour bien comprendre nos révolutions judiciaires, il faut, permettez-moi de vous le redire encore, avoir sans cesse présentes à l'esprit nos révolutions politiques. Un ministère public au dixième siècle, c'eût été un non-sens, au quinzième c'était presque une nécessité. Qui aurait-il représenté sous Hugues Capet ou sous Louis-le-Gros? La féodalité n'en avait pas besoin, avec le morcellement infini qui en était la base; et la royauté ne pouvait avoir de délégué dans des tribunaux qui ne reconnaissaient pas son autorité, même nominale. Sous Louis XII, au contraire, la royauté, qui n'était plus une ombre, mais un corps, un nom, mais une réalité, qui n'avait plus des domaines, mais un royaume, était devenue la véritable gardienne de l'intérêt social : toute atteinte portée à l'ordre était une attaque contre elle, elle s'en sentait blessée, elle intervenait pour en requérir la répression.

L'introduction de la procédure inquisitoriale était une autre raison qui devait faciliter le développement du ministère public. A mesure, en effet, que le rôle des particuliers s'effaçait dans les procès criminels, il fallait quelqu'un pour surveiller l'enquête, pour examiner les dénonciations, pour y suppléer quand elles ne se produisaient pas. Comme toutes les innovations, celle-ci rencontra de nombreux adversaires, des légistes qui regrettaient les institutions anciennes, et qui ne comprenaient pas l'utilité des gens du roi (1). Mais le ministère public répondait à un besoin trop réel pour que ces récriminations pussent en compromettre l'existence.

Il est facile, messieurs, de suivre dans notre législation les progrès de la procédure secrète : les formes de l'enquête, la décadence de l'accusation publique, la création des procureurs du roi, étaient autant de pas vers la destruction de cette antique publicité qui jusqu'alors s'était perpétuée dans nos institutions judiciaires. Ne croyez pas que les protestations aient manqué. Si les provinces du Nord renoncèrent assez facilement aux traditions germaniques, les provinces du Midi, pour lesquelles le système de la publicité absolue remontait à la domination romaine, firent entendre de vives réclamations. Je n'en voudrais pour preuve qu'un édit de 1445, accordant au Languedoc, à titre de privilége, l'instruction publique des procès criminels. Mais des protestations partielles n'étaient pas faites pour arrêter longtemps la marche des légistes. Ecoutées un jour, elles étaient oubliées le lendemain, et l'ordonnance de 1498, faisant entre les deux procédures rivales une sorte de partage, suppose leur coexistence, en inclinant visiblement vers la procédure secrète. Le législateur reconnaît encore des assises temporaires, la participation des hommes jugeurs à la décision de certains procès, et le maintien des usages locaux qui admettent la procédure accusatoire; il veut même que les délits soient jugés publiquement, mais il organise, sous le nom de procédure à l'extraordinaire, et pour les cas du grand criminel, tout le système de la procédure secrète, les informations faites par écrit et secrètement, le

(1) Ayrault, au XVIe siècle, attaque encore vivement le principe du ministère public.

secret de la délibération, le secret de la sentence, et enfin la torture (1).

On n'en était pas arrivé là pour ne pas aller plus loin, et la suite de notre législation n'est que la conséquence logique de l'ordonnance de Louis XII. L'édit de Crémieu, l'ordonnance de Villers-Cotterets, complètent l'organisation de la procédure secrète et la généralisent en abolissant les usages contraires que Louis XII avait respectés. Enfin l'ordonnance de 1670 l'accepte et la codifie comme une institution déjà consacrée par l'expérience.

V

La procédure secrète, c'est là le fonds de la législation criminelle des trois derniers siècles. Voyons quelles conséquences elle avait produites, et comment se faisait l'instruction sous l'empire de l'ordonnance de 1670, c'est-à-dire jusqu'en 1789 ; car, sauf quelques modifications partielles, cette ordonnance était encore, à ce moment, le Code criminel de la France. Retracer rapidement l'organisation judiciaire que cette ordonnance avait conservée ou complétée, en montrer les rares qualités, en signaler les trop nombreux défauts, telle est la tâche qu'il me reste encore à remplir.

Et d'abord, quelles étaient les personnes qui participaient, à cette époque, à l'administration de la justice criminelle? On est effrayé du nombre des magistrats, de la multiplicité des juridictions, et des fréquents conflits qui devaient entraver la marche des affaires. Juges ordinaires et extraordinaires, ecclésiastiques

(1) L'ordonnance de 1499, qui inaugure, en matière criminelle, un si déplorable système, renferme, en matière civile, des améliorations importantes. Il en faut dire autant de l'ordonnance de Villers-Cotterets. Tout le monde sait, du reste, que notre ancien droit civil était incomparablement supérieur au droit criminel. N'en est-il pas encore de même aujourd'hui ?

et laïques, royaux et seigneuriaux, ce sont là les divisions principales. Les juges des seigneurs, successivement amoindris par les cas royaux, les cas privilégiés, le droit de prévention et le droit de concurrence, les prévôts royaux, les baillis, ou plutôt les lieutenants criminels des bailliages, enfin les parlements, tels sont les tribunaux ordinaires en matière criminelle. Les tribunaux extraordinaires, ce sont d'abord les officialités, dont la compétence a été restreinte, par l'ordonnance de Villers-Cotterets, aux causes purement spirituelles, et qui ne conservent plus, sur les crimes commis par des ecclésiastiques, que le droit de participer à l'instruction ; puis ce sont les prévôts des maréchaux, à la fois officiers de police et de justice, qui attirent à eux les cas prévôtaux, spécifiés par les ordonnances de 1670 et de 1731, et dont la procédure sommaire facilite la répression, mais n'offre aucune garantie aux justiciables ; enfin, une foule de juridictions exceptionnelles, dont les prétentions rivales suscitaient souvent aux justices ordinaires de sérieux embarras. Le péculat était jugé par la chambre des comptes ; les malversations des receveurs, par la cour des aides ; les délits forestiers étaient du ressort des juges des eaux et forêts ; les fraudes commises par les affineurs ou changeurs, de celui de la cour des monnaies ; les maîtres des requêtes de l'hôtel connaissaient des faux commis dans les lettres du grand sceau royal ; les prévôts des marchands, des infidélités imputables aux préposés des approvisionnements. Il y avait les juges des amirautés, qui prononçaient sur les cas de piraterie, et les juges de la connétablie, qui statuaient sur les délits de chasse et sur les crimes des gens de guerre. En vain les ordonnances avaient-elles voulu régler les limites de la compétence de toutes ces juridictions : il n'est pas au pouvoir de l'homme de mettre l'ordre dans le chaos. Et remarquez que nous ne parlons pas ici de ces Chambres de Justice qu'on instituait de temps à autre pour faire rendre gorge aux traitants, non plus que de ces Commissions dont on a pu dire avec raison qu'on les a vues toujours condamner, jamais absoudre, et dont Richelieu a fait un si terrible usage. Nommées pour des affaires politiques, ces Commissions ne rendaient pas de jugements, elles ne faisaient qu'exécuter la volonté du ministre ou du roi qui les avait créées. Fruit détestable de l'arbitraire, nous ne devons les mentionner que pour les flétrir : elles ne sont, dans l'histoire de notre droit criminel, que de monstrueuses et trop fréquentes exceptions.

Sous l'empire de l'ordonnance de 1670, il faut distinguer deux phases dans l'instruction, celle qui précède le décret et celle qui le suit.

La première phase, c'est-à-dire l'information, qui n'est autre chose que l'ancienne enquête, c'est une procédure préparatoire qui rassemble les charges, mais qui ne qualifie pas le fait. Soit sur la plainte de la partie civile ou du ministère public, soit même d'office, le juge compétent ouvre l'information, il entend, secrètement et séparément, les témoins dont il ordonne, ou dont la partie poursuivante requiert la comparution : ni l'accusé, ni même le procureur du roi, n'assistent aux dépositions qui se font en présence du magistrat, assisté seulement du greffier. Pour obtenir plus facilement des révélations, l'usage s'était introduit de donner, dans la plupart des informations, des lettres monitoires, sollicitant concours de quiconque possédait quelques renseignements sur le fait. Ces lettres, avec l'autorisation des officiaux, étaient affichées à la porte des églises et lues au prône. On comprend de quel secours cet appel au bon vouloir et à la conscience de tous pouvait être pour la justice : c'était un involontaire hommage à cette publicité qu'on avait si soigneusement proscrite : mais les révélations qui sortaient de cette source n'étaient pas toujours un guide bien sûr : dans les procès d'hérésie notamment, elles étaient moins utiles que vexatoires, et pouvaient devenir une arme dangereuse entre les mains du clergé.

L'information une fois terminée, les pièces étaient remises au procureur du roi, qui concluait, soit à l'élargissement, soit à la délivrance d'un décret. On distinguait le décret d'assigné pour être ouï, qui s'employait dans les affaires sans gravité; le décret d'ajourné à comparoir, et le décret de prise de corps, qui correspond à ce que nous appelons aujourd'hui un mandat d'amener. La procédure entrait à ce moment dans sa seconde période.

A l'arrestation de l'accusé succédait immédiatement son interrogatoire. C'est là que s'accumulent les principes mauvais, les formalités dangereuses; c'est là que se manifeste l'oubli le plus complet de ce droit sacré de la défense dont il semble que cette législation n'ait pas eu même le sentiment. La première règle du juge, telle que les légistes l'avaient tracée, c'était d'obtenir, à tout prix, l'aveu de l'accusé. Son premier devoir était donc de lui adresser ces questions captieuses, moins propres à convaincre le criminel qu'à embarrasser l'innocent, de lui tendre des piéges, de le faire tomber dans des contradictions. C'était là une torture morale, digne préliminaire de la torture physique qui ne la suivait que trop souvent. L'accusé, avant de répondre, prêtait serment de dire la vérité : tout délai, toute assistance d'un conseil lui étaient interdits.

Comme les dépositions des témoins, l'interrogatoire était secret : le procès-verbal était communiqué au ministère public, qui donnait ses conclusions, et alors le procès était ou converti en procès civil, s'il s'agissait de délits légers, ne pouvant entraîner de peines corporelles, auquel cas le reste de l'instruction se faisait publiquement; ou réglé à l'extraordinaire, et dans cette hypothèse le secret se continuait pour le récolement, c'est-à-dire la réitération des témoignages entendus dans l'information, et pour la confrontation soit des accusés avec les témoins, soit des accusés entre eux.

Le rôle du juge d'instruction était fini : celui du tribunal commençait. L'accusé subissait sur la sellette un dernier interrogatoire, dans lequel il pouvait présenter ses moyens de défense et alléguer des faits justificatifs, dont le tribunal, à son gré, admettait ou rejetait la preuve. Quand cette preuve était refusée ou quand l'accusé ne parvenait pas à la fournir, les juges pouvaient ordonner qu'il serait soumis à la torture.

La torture, messieurs! quel nom viens-je de prononcer! nom odieux qui plane comme un sombre nuage sur la législation pénale de notre monarchie! Singulier enseignement de l'histoire :

c'est au moment où l'ordre renaît dans le pays, où la nationalité est sortie triomphante de la lutte contre l'Angleterre, où la royauté déjà puissante ne doit plus s'occuper que de relever le niveau moral de la société, où les mœurs s'adoucissent, où les arts et les lettres sortent de leur longue torpeur; c'est à la veille de cette prodigieuse rénovation intellectuelle qui a nom la Renaissance ; c'est enfin sous un roi à qui sa bonté et son amour pour la justice ont valu le plus beau des surnoms, que la torture, pour la première fois, prend place dans nos lois! C'est le Père du peuple qui l'établit, c'est le Père des lettres qui la consolide et c'est le grand roi qui l'organise. La torture, que Rome républicaine avait réservée pour les esclaves, que les empereurs n'appliquaient qu'aux crimes de lèse-majesté, où la politique faisait taire le droit, que les Germains connurent à peine, que la féodalité même, dans ses plus mauvais jours, n'avait pas osé réhabiliter, elle devient, entre les mains de nos juges royaux, l'élément essentiel des poursuites criminelles. Elle répond à tout, s'applique à tout, suffit à tout. Un accusé nie son crime, on le met à la torture pour lui arracher un aveu ; il le confesse, à la torture, pour savoir s'il n'en a pas commis d'autres; il refuse de dénoncer ses complices, à la torture, pour que ses lèvres frémissantes laissent échapper leurs noms. Ni le sexe, ni l'âge, ni la naissance ne peuvent en affranchir : les inégalités sociales, qui subsistent devant la mort même, s'évanouissent devant ce lugubre appareil. Les coutumes féodales avaient réglé les formes du duel judiciaire, les ordonnances de nos rois tracent celles de la question ordinaire et extraordinaire : les cas dans lesquels elle sera infligée, le nombre de fois qu'elle sera réitérée, le cérémonial qui doit y présider ; mais ici encore, les laïques sont vaincus par les juges d'Eglise, et quand on veut mettre à la question le régicide Damiens, comme on trouve l'appareil ordinaire insuffisant, on fait venir d'Avignon les instruments inventés par l'imagination infernale des inquisiteurs pontificaux (1).

Sous l'empire de l'ordonnance de Villers-Cotterets, la torture

(1) H. Martin, XV, page 510.

joue, dans les affaires criminelles, un rôle analogue à celui des anciennes ordalies. L'accusé pouvait y être soumis en toute matière. Ni la nature du crime, ni la gravité des indices qui devaient l'autoriser, n'étaient spécifiées par la loi : tout était abandonné à l'arbitraire du juge. Mais aussi l'ordonnance déclarait que, si l'accusé supportait les tourments sans rien avouer, il devait être absous. N'est-ce pas là le caractère de ces jugements de Dieu que nous avons vus, au moyen âge, remplaçant et supprimant toutes les procédures?

L'ordonnance de 1670 introduit à cet égard d'importantes modifications. Elle détermine les cas où on pourra appliquer un accusé à la question : il faudra pour cela que le crime soit constant, qu'il soit de nature à entraîner la peine de mort, et qu'il y ait déjà *preuve considérable* (1). C'est là évidemment un progrès. Mais en même temps, l'ordonnance veut que la question puisse être prononcée avec réserve de preuves et que le malheureux qui l'aura supportée sans rien confesser puisse, non-seulement sur de nouvelles charges, mais même sur les charges antérieures, être condamné à toute autre peine que la peine capitale. Ainsi la torture n'était plus une épreuve, c'était une véritable peine, et une peine qui précédait le jugement définitif. Etait-ce au moins, dans l'esprit du législateur, un moyen indispensable de découvrir la vérité? Non, puisque si la torture demeurait sans résultat, les preuves déjà recueillies, insuffisantes jusque-là pour éclairer la conscience du tribunal, puisaient une force nouvelle dans ce qui semblait devoir les anéantir et pouvaient devenir ensuite la base d'une condamnation. Ainsi, les hommes qui avaient préparé l'ordonnance ne se dissimulaient pas les inconvénients de la torture, ils en reconnaissaient l'impuissance, et cependant ils la maintenaient, croyant faire beaucoup pour l'humanité en en restreignant l'application. Et dans la commission chargée de l'examiner, et dont nous avons eu les procès-verbaux sous les yeux, pas une voix ne s'est élevée pour protester, au nom du bon sens, au nom de la morale méconnue,

(1) Ordonnance de 1670, titre XIX, article 1.

au nom de la nature outragée. M. Pussort et M. de Lamoignon déclarent que la torture est inutile, qu'elle n'amène presque jamais la découverte de la vérité ; mais personne ne pense à en proposer l'abolition. Et cependant, cette commission complait dans son sein des hommes tels que le chancelier Séguier, l'avocat-général Talon, le président Molé, le premier président de Lamoignon, les magistrats les plus éclairés, les plus intègres, ceux dont nous sommes habitués à révérer la mémoire avec le plus de recueillement ! Ne serait-ce pas à désespérer de l'espèce humaine, si l'on n'avait la consolation de penser que ce qui donnait à cette époque tant de force à la routine, tant de puissance aux préjugés, c'était l'absence de toute liberté, le silence forcé de l'opinion publique, la compression partout, l'habitude de toujours obéir sans discuter jamais, l'absolutisme sur le trône et la servitude autour de lui !

Je vous fais grâce, messieurs, des détails révoltants que des textes trop nombreux nous ont transmis sur les supplices dont la chambre de la question était le théâtre, dont le juge était le spectateur, dont l'innocent était trop souvent la victime. Question ordinaire, question extraordinaire, ce sont des degrés dans l'horrible. C'est le principe même de la torture qu'il faut avant tout réprouver. Mais puis-je ne pas vous rappeler que, par une dérision sacrilége, l'accusé, avant d'être soumis à la torture, devait prêter serment de dire la vérité, et qu'attentif aux cris, aux paroles entrecoupées, aux blasphèmes que la douleur lui arrachait, le magistrat devait tout consigner sur son procès-verbal? Ce n'était plus un juge instructeur, c'était le greffier du bourreau !

C'est avec tous ces éléments, l'information préparatoire, l'instruction définitive, les interrogatoires et le procès-verbal de torture, que le tribunal prononçait. Mais ne croyez pas qu'il fût libre de sa sentence, ne croyez pas que, pour apprécier la gravité des charges, les juges n'eussent qu'à descendre dans leur conscience, à interroger leur conviction et à prononcer suivant leur opinion intime. Ils étaient liés par une multitude de règles soigneusement tracées par les légistes, et dont l'ensemble formait la théorie des preuves légales. A chaque fait, à chaque indice, à chaque circonstance, les légistes avaient attaché des conséquences invariables que le magistrat était obligé d'appliquer, alors même que, dans son for intérieur, il les croyait fausses pour l'espèce qui lui était soumise. Il y avait les preuves pleines et semi-pleines, concluantes et démonstratives, réelles et présomptives, affirmatives et négatives ; il y avait les indices indubitables et les indices violents, les indices graves et les indices légers. On avait spécifié combien il faudrait de preuves présomptives pour équivaloir à une preuve réelle ; chaque chose enfin avait son effet et son caractère déterminés. On doit reconnaître que nos vieux jurisconsultes avaient dépensé pour édifier cette théorie beaucoup de science et de raison, une grande intelligence du cœur humain, une logique merveilleuse. Mais leur habileté n'avait pu effacer les vices inhérents à un pareil système, qui, tenant les juges captifs au milieu de distinctions subtiles et dogmatiques, leur enlevait toute indépendance et toute liberté d'appréciation, et ne leur permettait pas d'écouter les inspirations du cœur et de la raison.

Si vous ajoutez à tout cela l'énorme durée des procédures, encore prolongées par la nullité attachée à toute omission des innombrables formalités dont elles regorgeaient ; si vous vous souvenez que les accusés ne pouvaient jamais conférer avec leurs défenseurs avant l'interrogatoire, et que l'interdiction de tout conseil était absolue pendant toute la durée du procès, dans les accusations de nature à entraîner la mort ou une peine perpétuelle ; si vous songez enfin que, même lorsque aucune charge n'était relevée contre lui, l'accusé n'était pas sûr de voir proclamer son innocence et que souvent on se bornait à ordonner un plus ample informé dont il attendait dans les cachots la problématique issue, vous comprendrez cette parole énergique de M. de Harlay, premier président du Parlement, dans les premières années du dix-huitième siècle : *Si j'étais accusé d'avoir volé les tours de Notre-Dame, je commencerais par me cacher.*

Quant au Droit pénal proprement dit, que vous en dirai-je?

sinon que sa sévérité barbare répondait à merveille au système de procédure que je viens d'esquisser. Des peines exagérées, sans rapport avec la gravité des délits, la mort prodiguée avec une variété de formes qui étaient autant de cruels raffinements, les juges aussi peu libres de modérer le châtiment que d'apprécier les charges, le droit de grâce rendu illusoire par l'usage de l'exécution immédiate des jugements, souvent des innocents frappés, uniquement par suite des liens de parenté qui les unissaient aux coupables : voilà le tableau dont vous pourriez m'accuser d'assombrir les couleurs si l'histoire ne vous en montrait pas trop clairement la triste ressemblance. Si quelques anciens supplices étaient tombés en désuétude, si les coupables n'étaient plus écorchés ou enterrés vifs, bouillis dans l'eau chaude ou noyés, les ordonnances encore en vigueur en 1789 avaient conservé six formes de la peine de mort : le feu, la roue, l'écartellement, la claie, la décapitation, réservée aux nobles, et la potence, supplice ordinaire des roturiers. D'un autre côté, des peines corporelles frappaient des crimes dont le nom même a disparu de nos Codes, les sortilèges et les sorcelleries ; et les blasphémateurs incorrigibles avaient la lèvre et la langue coupées. Il faut lire nos anciens criminalistes, Jousse, Muyard de Vouglans, Farinaccius ; ils dissertent sur les supplices, en retracent avec complaisance les horribles diversités, et ne trouvent pas un mot à dire contre la barbarie qui, exilée de nos mœurs, s'était réfugiée dans nos lois.

Nous sommes arrivés, messieurs, au terme de la carrière que nous devons parcourir. Que si nous voulons considérer dans son ensemble la législation criminelle qui régissait notre pays au dernier siècle, et faire dans le Droit de 1670 la part du bien et du mal, nous trouverons, au nombre des améliorations, la communication au ministère public, appliquée à toutes les phases du procès, et appelant sur tous les actes du juge le contrôle et l'examen ; la confrontation de l'accusé avec les témoins, moyen excellent pour relever les erreurs et découvrir la vérité, mais dont les heureux effets étaient paralysés par la manière dont elle s'effectuait ; la distinction entre l'information provisoire et l'information définitive; enfin et surtout l'unité introduite dans la procédure criminelle comme elle l'avait été dans la procédure civile par l'ordonnance de 1667. Mais en regard de ces progrès, que de vices dont la persistance nous étonne, habitués que nous sommes à ne voir de ces temps que l'éclat et la grandeur! Les droits de la défense méconnus, les garanties dues aux accusés foulées aux pieds, des peines atroces pour des crimes quelquefois imaginaires!

C'est que le droit criminel de notre monarchie, s'il différait beaucoup de celui des barbares et de la féodalité, avait, moins encore peut-être que les législations antérieures, compris les véritables fondements sur lesquels il devait s'appuyer. Si les lois barbares donnent pour mobile au droit de punir la vengeance individuelle, et les lois féodales la vengeance des seigneurs, nos ordonnances ne font qu'y substituer la vengeance du roi. Ni la théorie spiritualiste de l'expiation, ni la théorie utilitaire de l'intérêt social n'avaient inspiré les légistes. Habitués à regarder le roi comme le successeur des empereurs romains, et transportant dans les matières juridiques les idées qu'ils s'étaient efforcés de faire prévaloir dans l'ordre politique, ils ne considéraient tous les crimes que comme des offenses au pouvoir royal et tous les criminels que comme des coupables de lèse-majesté. Dans leur esprit, ce n'est pas la société qui se protège, par les lois pénales, contre de dangereux agresseurs; c'est le souverain offensé dans sa dignité suprême qui se venge d'un coupable, comme il ferait d'un ennemi. Approfondissez cette idée générale, et vous y trouverez le point de départ de tous les vices que je vous ai signalés. L'accusé, ce n'est pas un homme qui, en face de son accusateur, doit avoir les mêmes droits que lui; c'est un rebelle, c'est un vaincu. Dès lors, pourquoi des garanties en sa faveur? pourquoi des tempéraments à la pénalité? Le prince offensé se venge, et la justice n'est que l'exécutrice de ses vengeances.

Ne croyez pas cependant que ces maximes, accessoire, dans l'esprit des légistes, du système de monarchie absolue qui fut leur rêve, et dont les deux derniers siècles ont présenté la réalisation, se soient établies et maintenues sans que la philosophie ait protesté. Dès le seizième siècle, deux jurisconsultes éminents, Ayrault et Dumoulin, l'un avec la verve gauloise qui anime ses écrits, l'autre avec cette sévérité magistrale qui est un des caractères de son génie, élèvent la voix contre la dureté du droit pénal et contre les abus de la procédure secrète. Dumoulin flétrit en termes énergiques le chancelier Poyet, l'auteur de l'ordonnance de 1539, et fait peser sur lui une responsabilité qui est même exagérée, car Poyet n'a fait que fortifier, en l'aggravant, un système en vigueur avant lui.

Le siècle suivant ne produit pas de jurisconsultes aussi hardis. Si les lettres brillent, sous Louis XIV, d'un incomparable éclat, c'est à la condition qu'elles se gardent bien de s'attaquer aux questions qui, de près ou de loin, touchent à la politique contemporaine. Jamais, on peut le dire, l'esprit public en France ne fut plongé dans un pareil engourdissement. Les États généraux ne sont plus convoqués, le Tiers ne peut plus faire entendre sa voix, les Parlements domptés sont dépouillés même de leur droit de remontrance. Au milieu de ce silence universel, qui eût osé renouveler contre la législation criminelle les sarcasmes qu'Ayrault prodiguait à l'ordonnance de Villers-Cotterets? Une lettre de cachet et la Bastille auraient eu bien vite raison du téméraire assez mal avisé pour porter la main sur l'arche sainte. Aussi les protestations s'éteignent : chacun se courbe sous la volonté suprême que nul ne braverait impunément. J'ai dit déjà que, lors de la discussion de l'ordonnance, c'était à peine si une observation timide avait été hasardée contre la torture. Les procès-verbaux font foi de l'indifférence des commissaires pour des principes que nous considérons aujourd'hui comme élémentaires. S'agit-il, par exemple, d'imposer à l'accusé, avant son interrogatoire, l'obligation de prêter serment? M. de Lamoignon s'élève avec force contre cette coutume barbare, véritable excitation au parjure, et montre combien elle est contraire à la loi naturelle. M. Pussort lui répond que la loi naturelle est combattue par la loi de l'Évangile, et doit incontestablement céder, « personne ne révoquant en doute que la mort ne soit préférable à un péché mortel ; » et cette réponse, plus digne d'un prédicateur exalté que d'un jurisconsulte de sang-froid, met fin à la discussion.

S'agit-il de décider si le ministère des avocats sera admis au grand criminel? le premier président se fait vainement encore l'organe de la raison et de l'humanité, en faisant observer que si on voulait comparer notre procédure criminelle à celle des autres nations, on n'en trouverait pas de si rigoureuse, et que l'assistance d'un conseil n'est pas un privilége, mais « une liberté acquise par le droit naturel. » Le président Le Coigneux lui répond qu'il n'y aurait rien de si dangereux que de donner un conseil dans toutes sortes d'affaires. M. Pussort affirme que les avocats ne serviraient à rien, sinon à éterniser les procès, et que s'il y a des nullités, personne n'est aussi à même que les juges de les découvrir et de les relever, et l'on décide qu'un homme pourra être condamné à mort sans avoir le droit de s'éclairer de l'avis d'un avocat. Tout l'esprit de cette législation n'est-il pas là?

Bientôt la société allait se réveiller; avec quel fracas, vous le savez. Si le siècle de Louis XIV est l'âge d'or de la belle langue française, le siècle de Louis XV est celui de la philosophie, non plus de la philosophie dogmatique et spéculative, mais de la philosophie pratique. Un mouvement prodigieux entraîne la société vers une réforme dans l'État, comme elle avait été entraînée deux cents ans auparavant vers une réforme dans l'Eglise. Le libre examen ne s'attaque plus à la cour de Rome, mais aux puissances temporelles, et si la révolution politique n'existe pas encore, la révolution sociale est en germe dans les écrits des philosophes. Je n'ai pas, messieurs, à vous retracer dans son ensemble l'histoire de cette grande époque. Je n'ai pas à vous montrer cette armée redoutable dont Voltaire est le chef, montant à l'assaut du vieux monde qui va s'écrouler sous ses coups; mais je dois vous rappeler que les plus grands génies de cette époque engagent, contre la législation criminelle des ordonnances, une guerre qui remue profondément toutes les classes de la société, hormis celles qu'elle devait intéresser davantage.

Les parlements, occupés de leurs mesquines querelles, ne s'inquiètent pas du mouvement et se tiennent à l'écart. Les criminalistes ne parlent des projets de réforme que pour en faire un texte à leurs railleries (1). Mais Montesquieu écrit dans l'*Esprit des Lois* ces pages vigoureuses où il trace les vrais principes du droit pénal; mais Voltaire, avec sa plume incisive et mordante, se fait l'avocat des Sirven, des Calas, des Labarre, ces victimes fameuses du despotisme, et portent des coups terribles aux lois qui ont condamné tant d'innocents; mais l'avocat général Servan, chez lequel les fonctions du ministère public n'avaient pas tari les sources d'une sensibilité vraie sous une forme un peu déclamatoire, signale, dans une mercuriale prononcée en plein Parlement, la nécessité d'une réforme radicale. Enfin, un jeune publiciste italien, Beccaria, publie son *Traité des délits et des peines*, où, par ses recherches sur le fondement du droit de punir, sur les conditions d'une bonne procédure, sur la mesure légitime des pénalités, il bat en brèche les systèmes en usage dans toutes les contrées de l'Europe. De tous côtés, cette tendance se propage; les Académies elles-mêmes, peu favorables d'ordinaire aux innovations, ne résistent pas à l'entraînement général, et mettent au concours des projets de réforme de la législation pénale. C'est par un Mémoire couronné par l'Académie de Metz, que commence à se faire connaître un jeune avocat d'Arras, Maximilien Robespierre: singulière entrée dans la vie publique pour un homme que les événements réservaient à une si terrible célébrité.

Tant de travaux n'avaient pas été perdus, et le sentiment impérieux de la nécessité d'une révolution dans le système pénal avait pénétré dans les masses. En 1780, Louis XVI supprime la question préparatoire; en 1788, il promet une refonte générale de la législation; mais les circonstances ne lui laissent pas le temps de réaliser ce projet. Les cahiers des pouvoirs remis aux membres des États généraux réclament énergiquement des chan-

(1) Il est curieux de voir avec quel dédain et quelle colère Jousse parle du livre de Beccaria. — Voir *Traité de la justice criminelle*, préface, page 63.

gements à l'ordonnance de 1670 et la confection d'un Code pénal; et l'un des premiers actes de l'Assemblée constituante sera de donner satisfaction à ces vœux. La déclaration des Droits de l'homme, cet admirable résumé des travaux philosophiques du dix-huitième siècle, contient sur le Droit criminel des principes fondés sur la loi naturelle(1), et la constitution de 1791 rétablit le jury et la publicité de la procédure et décrète l'égalité de tous devant la loi criminelle comme devant la loi civile, et l'inviolabilité du domicile des citoyens.

C'est ici, mes chers Confrères, que doit s'arrêter cette étude. J'aimerais, si je ne craignais de franchir les limites qui me sont imposées, à vous montrer l'influence des idées nouvelles prenant place dans nos Codes, l'Assemblée constituante leur faisant, dans la loi de 1791, une part peut-être excessive; la Convention, dans la seconde période de son existence, où tant de gloire se mêle à tant d'agitation, édictant le Code des délits et des peines, où est posée méthodiquement la division des juridictions répressives en trois classes, et des peines en trois degrés; puis nous apprécierions ensemble le Code d'instruction criminelle et le Code pénal de 1810, et, sans en méconnaître les qualités, nous regretterions que dans l'un, les Cours spéciales rétablies, dans l'autre la peine de mort prodiguée, aient imprimé la marque d'une réaction trop violente contre le régime nouveau d'où le premier empire était né. Nous verrions les révolutions politiques continuer à peser sur la législation; la Restauration faire un terrible abus des juridictions exceptionnelles, dont elle avait accepté l'héritage, et jeter, par sa loi éphémère du sacrilège, un imprudent défi au progrès; puis la révolution de 1830, révisant le Code pénal dans un sens plus favorable aux idées philanthropiques, organiser, aux applaudissements, je ne dis pas seulement de la presse et des assemblées, mais de tous les honnêtes gens et de tous les cœurs généreux, le système salutaire des circonstances atténuantes; la

(1) *Déclaration des droits*, articles 5, 7, 8 et 9.

révolution de 1848, enfin, abolissant, par un décret où nous sommes fiers de retrouver la signature de deux des plus illustres de notre Ordre (1), la peine de mort pour les délits politiques. Mais tout ce qui est postérieur à ce grand mouvement de 1789, dont nous sommes les continuateurs, est pour nous tous de l'histoire contemporaine. Je vous laisse, messieurs, le soin de comparer le présent avec le passé. Rien ne saurait davantage nous faire apprécier les immenses bienfaits de cette révolution, qu'on ne calomnierait pas tant si on la connaissait mieux, que de mettre en regard de nos institutions judiciaires celles qu'elle a renversées.

Sans doute, nous n'en sommes pas arrivés, ni en législation ni en autre chose, à la perfection absolue, idéal sublime que l'humanité ne saurait atteindre; mais nous avons réalisé d'immenses améliorations, et, telle qu'elle est, notre législation criminelle ne redoute pas la comparaison avec celles des nations voisines. C'est notre devoir et ce sera notre honneur, messieurs, de marcher vers de nouveaux progrès; mais, soyez-en convaincus, nous devrons les demander, non pas à des retours insensés vers un ordre de choses qui n'est plus, non pas à la rigueur exagérée du législateur ou à la sévérité inexorable du magistrat, mais à l'amélioration morale du peuple, et surtout aux inspirations de ce conseiller qui ne trompe jamais et qui éclaire toujours, la LIBERTÉ !

(1) Mes Marie et Crémieux, alors membres du gouvernement provisoire.

Paris. — Imprimerie Dubuisson et Ce, rue Coq-Héron, 5.

Contraste insuffisant

NF Z 43-120-14

www.ingramcontent.com/pod-product-compliance
Ingram Content Group UK Ltd.
Pitfield, Milton Keynes, MK11 3LW, UK
UKHW020435230726
13925UKWH00004B/1734

9 782013 593007